MÁQUINAS SIMPLES

Marla Conn y Alma Patricia Ramirez

Rourke
Educational Media

A Division of
Carson
Dellosa
Education

Glosario de fotografías

 **tapa de botella**

 **carrito de la compra**

 **caña de pescar**

rampa

sube y baja

cierre

Una **rampa** es una máquina simple.

rampa

Un **cierre** es una máquina simple.

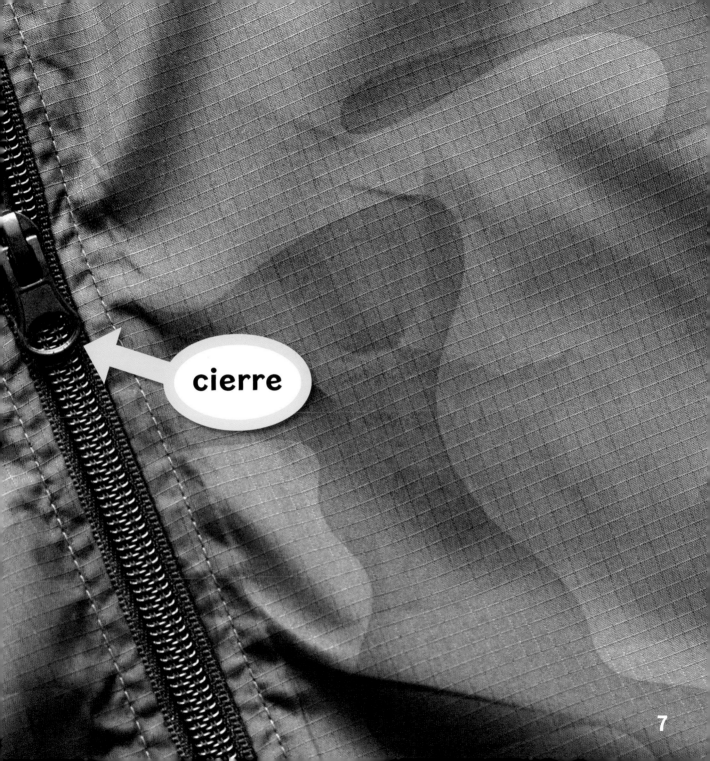

cierre

Una **tapa de botella** es una máquina simple.

tapa de botella

Un **sube y baja** es una máquina simple.

Un **carrito de la compra** es una máquina simple.

carrito de la compra

Una **caña de pescar** es una máquina simple.

caña de pescar

Actividad

1. Haz una lista de todos los objetos del libro y di cómo te ayudan.

2. Mira las fotografías de los tipos de máquinas simples a continuación y habla acerca de ellas.

3. Empareja los tipos de máquinas simples a continuación con las máquinas simples en el libro.

4. Piensa en otras cosas alrededor de tu casa o escuela que son máquinas simples.

   - Tornillo
   - Rueda y eje
   - Plano inclinado
   - Cuña
   - Palanca
   - Polea